Friedrich Ludwig
So werden Ihre Wünsche in Erfüllung gehen

Friedrich Ludwig

So werden Ihre Wünsche in Erfüllung gehen

Aquamarin Verlag

2. Auflage 2003
© Aquamarin Verlag
Voglherd 1 • D-85567 Grafing

Umschlaggestaltung: Annette Wagner

ISBN 3-89427-222-8
Druck: Ebner & Spiegel, Ulm

INHALT

»Ein starker Glaube und eine mächtige Vorstellungskraft sind die zwei Säulen, welche das Tor des Tempels der Magie stützen, ohne die zwei kann nichts in diesem Tempel ausgeführt werden«.

(Paracelsus)

VORWORT

Dieses Buch erhebt nicht den Anspruch, etwas Welt-
bewegendes, etwas ganz Neues zu bringen. Es wird
jedoch, wenn Sie es aufmerksam lesen und seine Lehren befolgen, Ihr Leben von Grund auf ändern.

Es wird aus einem unzufriedenen einen erfolgreichen,
glücklichen und harmonischen Menschen machen.
Es ermöglicht Ihnen, das zu werden, was Sie gerne
sein möchten, und das zu bekommen, was Sie haben
wollen.

Jeder Erfolg ist auf Kräfte zurückzuführen, die im
Unterbewusstsein eines jeden Menschen ruhen. Es ist
daher das Ziel dieses Buches, Ihnen eine Methode zu
zeigen, wie Sie die Kräfte lhres Unterbewusstseins
entfalten – sie auf Ihr Ziel richten – und dieses dadurch auch erreichen können!

Es gibt Menschen, die selbst hoch gesteckte Ziele (scheinbar) spielend erreichen, während andere trotz größter Bemühungen nichts »auf die Reihe bringen«. Woran liegt das ...? Hat der eine nur mehr Glück als der andere...?

Nein! Es sind die Kräfte des Unterbewusstseins, die der Erfolgreichere – wenn vielleicht auch nur unbewusst – zur Wirkung brachte und dadurch auch die größeren Erfolge erzielte.

Die Kraft und die Festigkeit Ihres Glaubens – an Ihr Können und Ihre Fähigkeiten – ist der Strom, von dem Ihnen alles zufließt, was Sie sich wünschen. Der sehnsüchtige, aus tiefster Seele kommende Wunsch bildet ein unsichtbares magisches Band, das Sie schließlich mit dem Herbeigewünschten in Verbindung bringt.

Es gibt jedoch keine Methode, Reichtum zu erwerben, bei der Sie nur auszuruhen brauchten. Auch ich kann Sie nicht über Nacht zu einem reichen Menschen oder zu einem Genie machen. Erst die Intensität Ihrer Bemühungen gibt Ihnen den endgültigen Erfolg in die Hand.

Schon beim bloßen Lesen dieses Buches werden Sie feststellen, dass Sie auf Ideen und Gedanken kommen, deren Sie sich vorher gar nicht bewusst waren. Es wird Ihren Optimismus und Lebensmut stärken, und das ist schon der erste große Schritt vorwärts. Lassen Sie es aber nicht beim alleinigen Lesen bewenden, sondern handeln und leben Sie auch danach, dann können auch Sie Ihr Ziel etwas höher stecken. Sie werden immer das Gefühl haben, dass Sie sich weiterentwickeln, dass Sie – mit einem Wort – voranschreiten...!

Jeder Erfolg ist auf die Kräfte zurückzuführen, die im Unterbewusstsein eines jeden Menschen ruhen.

Die Kraft und die Festigkeit Ihres Glaubens an Ihr Können und Ihre Fähigkeit sind der Strom, von dem Ihnen alles zufließt, was Sie sich wünschen.

Schon das bloße Lesen dieses Buches wird Sie auf Ideen und Gedanken bringen, die Ihren Optimismus und Lebensmut stärken.

Erst die Intensität Ihrer Bemühungen gibt Ihnen den endgültigen Erfolg in die Hand.

DER WUNSCH NACH
REICHTUM UND MACHT

Welcher Mensch sehnt sich nicht nach irdischem Wohlergehen, nach der finanziellen Freiheit des Reichtums? Glück, Erfolg, Liebe! Alle Sehnsüchte haben sie zum Ziel. Sie sind der »Himmel auf Erden«, den jeder ersehnt.

Es gilt daher für Sie, einen Weg zu finden, der Sie, unabhängig von der Gunst anderer Menschen, ebenfalls zu Wohlstand und Reichtum führt. Nur in den seltensten Fällen wird Ihnen dies auf leichte Art durch einen Toto- oder Lottogewinn in den Schoß fallen. Es ist auch ein Irrtum, zu glauben, dass alle reichen Leute nur durch Betrug zu ihrem Geld kamen, vielmehr haben sie dies vielfach nur ihrer Ausdauer, ihrer Energie und ihrer positiven Einstellung zu verdanken.

Wenn Sie Reichtum wünschen, müssen Sie ihn täglich durch Ihr Tun und durch Ihre Gedanken bejahen und ihn fest erwarten. »Vater, ich weiß, dass ich einmal reich sein werde«. Mit verbissenem Trotz sagte dies ein kleiner, rothaariger Junge immer und immer wieder. Er wurde einer der Größten unter den amerikanischen Wirtschaftskönigen: James Buchanan Duke. Aus dem Nichts schuf dieser Mann ein »Weltreich der Zigarette« mit 150 Fabriken.

Jeder Mensch wird das, was er ernst und konsequent denkt und will. Genauso wie Trauer und Freude, Gesundheit und Krankheit vor allem von der geistigen Einstellung des Menschen abhängen, genauso geht es nicht zuletzt auch in Bezug auf seine materiellen Verhältnisse. Jeder Erfolg ist geistiger Natur. Er erfolgt mit mathematischer Sicherheit früher oder später und ergibt sich aus der mehr oder minder starken zielstrebigen geistigen Einstellung. Der Geist und nicht das Geld beherrscht die Welt. Je konzentrierter Sie sich geistig auf ein Objekt einstellen, je größer Ihre Hingabe ist, desto schneller erringen Sie den Erfolg.

Erfolg kann jeder haben. Alles hängt einzig und allein von der Kraft und der Ausdauer der positiven inneren Vorstellung ab. Jeder Mensch, der Erfolge im Leben erzielte, zeichnete sich vor allem durch ein unbegrenztes Vertrauen zu seiner eigenen Kraft aus. Glauben Sie daher an den von Ihnen erwarteten Erfolg, selbst wenn Sie noch so viele Rückschläge erleiden. Durch den Glauben an Ihre Kraft ziehen Sie den Erfolg herbei. Für Sie darf es kein Wenn und Aber geben. Stehen Sie fest im Vertrauen auf die geistige Kraft in Ihnen!

Alle äußeren Umstände, welcher Art sie auch sein mögen, stehen in einem gewissen Zusammenhang mit den Gedanken- und Willensmächten des Menschen. So manches äußere Bild, wie Reichtum und Macht, verdankt sein Bestehen ausschließlich dieser Kraft der Einbildung und dem positiven Gedankenleben. Daher ist ein Mensch krank, weil er nicht glaubt, wieder gesund werden zu können, und arm, weil er sich nicht vorstellen kann, dass er auch einmal reich sein bzw. werden könnte.

Nach den Mentalgesetzen schafft Vorstellung Wirklichkeit. Wie es in Ihrem Inneren aussieht, so wird sich auch Ihr Äußeres gestalten. Wenn Sie krank oder arm sind, und sie leben sich in diese Vorstellung hinein, dass Sie nie gesund oder reich werden können, so wird dies auch so sein oder werden.

Sie haben den Willen, aus dem hemmenden Sumpf der Armut herauszukommen. Das würde Ihnen auch ohne weiteres gelingen, wenn Sie fest daran glauben würden, und wenn Sie die selbstverständliche Vorstellung vom Gelingen Ihres Strebens hätten. Aber zwischen dem Wollen und der Einbildung besteht meistens ein Gegensatz. Sie wollen erfolgreich sein, bilden sich aber auf der anderen Seite ein, dass Sie arm sind, kein Glück haben und trotz ehrlichen Strebens und Wollens am Ende das Ziel doch nicht erreichen.

So trifft dann das ein, worauf die Einbildung, die unbewusste Konzentration eingestellt ist und nicht das, was Sie eigentlich wollten. Meiden Sie daher mit der ganzen Ihnen zur Verfügung stehenden Willenskraft jeden negativen, zersetzenden Gedanken!

Der Wille eines Menschen ist mächtig, doch ohne Glauben bedeutet er nichts und wird auch nichts erreichen können. Der Wille wird im Kampf mit der Einbildung stets unterliegen, die letztere bleibt immer Sieger. Betrachten wir nur einmal die seelischen Zustände des Lampenfiebers. Der Wille arbeitet meist mit allen Mitteln gegen diese Zustände, aber die Einbildung, dass dieser Zustand bestehe und schwer oder gar nicht zu bekämpfen sei, spottet jeder Willensanstrengung.

Zunächst kommen unsere seelischen Zustände und dann auch die äußeren Verhältnisse von innen heraus. Es ist ja Tatsache, dass es auch transzendentale Kräfte gibt, die auf uns einwirken, aber im Allgemeinen ist in uns selbst die Ursache unerwünschter Zustände zu suchen, wie auch der Weg zu allem, was wir erhoffen und erstreben. Jede wirkliche und dauernde Hilfe kommt einzig und allein aus unserem Inneren heraus. Alles, was Sie erstreben, müssen Sie zuerst in Ihren Gedanken ausbauen, es verwirklicht sehen und dann mit allen Ihnen verliehenen Pfunden wuchern und jede Gelegenheit erfassen, die Sie dem Ziel näher bringt. Gestalten Sie zuerst durch zielbewusstes Wollen und selbstvertrauendes Denken Ihr Schicksal von innen heraus, dann wird Ihr Streben kein ergebnisloses sein.

Das hier Gesagte ist nichts anderes als eine Art Magie, aber eine weise, wenn Sie auf der Devise »Leben und leben lassen« aufgebaut ist. Sie ist es wert, in Anwendung gebracht zu werden, denn sie bildet freie, unabhängige Menschen.

Wenn Sie Reichtum wünschen, müssen Sie ihn täglich durch Ihr Tun und durch Ihre Gedanken bejahen und ihn fest erwarten.

Jeder Mensch, der Erfolg im Leben erzielte, zeichnete sich vor allem durch ein unbegrenztes Vertrauen zu seiner eigenen Kraft aus.

Nach den Mentalgesetzen schafft Vorstellung Wirklichkeit. Wie es in Ihrem Inneren aussieht, so wird sich auch Ihr Äußeres gestalten.

Meiden Sie mit der ganzen Ihnen zur Verfügung stehenden Willenskraft jeden negativen Gedanken!

DIE SCHÖPFERISCHE KRAFT
DER GEDANKEN

Es vergeht keine Sekunde im Leben eines Menschen, in der er nicht irgendetwas denkt. Daher ist es erstaunlich, wie wenige etwas über die den Gedanken innewohnenden Kräfte wissen.

Wenn ich nun sage, Gedanken sind Dinge, sind Formen, so bitte ich Sie, diesen Ausdruck nicht etwa bildlich oder im übertragenen Sinne, sondern ganz wörtlich aufzufassen. Gedanken sind ebenso Dinge und ebenso wirklich vorhanden wie das Licht, die Wärme, die Elektrizität und viele andere ähnliche Erscheinungen.

Wenn der Gedanke ausgesandt ist, gleicht er einem feinen Rauch, dessen Dichte verschieden ist. Er existiert mit genauso viel Wirklichkeit wie die Luft, die wir atmen, wie der Dampf und wie die verschiedenen Gasarten. Er besitzt Wirkkraft, genau wie diese.

Wenn ich also von Gedanken als von wirklich vorhandenen Dingen spreche, so bitte ich Sie, nicht zu vergessen, dass ich dies buchstäblich meine. Sie können sich die Vorstellung von der Sache sehr erleichtern, wenn Sie sich die Ausstrahlung von Gedanken in einem Gleichnis vor Augen führen. Denken Sie bei der Gedankenausstrahlung an die Aussendung von Lichtwellen eines leuchtenden Körpers oder an einen Ofen, der Wärme an seine Umgebung abgibt, oder gar an den Duft, der einer Blume entströmt. Gedanken erzeugen Schwingungen, die sich unbegrenzt ausdehnen und in anderen, gleich gestimmten Seelen gleiche Schwingungen erzeugen. Es ist daher durchaus nicht gleichgültig, wie und was Sie denken, da es davon abhängt ob Sie Schaden oder Nutzen haben werden.

Die Schwingungen von Gedanken sind aber verschiedenster Art. Je lebendiger und intensiver Sie mit positiver Einstellung denken, desto feiner, aber auch desto kraftvoller sind die Schwingungen, die Sie dadurch hervorrufen. Dagegen sind die Schwingungen pessimistischer, negativer Gedanken bedeutend niedriger und kraftloser. Wollen Sie also erfolgreiche Men-

schen zu Ihren Freunden zählen, müssen Sie sich –
wie beim Radio – auf die Welle einstellen, auf der
diese Mensch empfangen, das heißt Sie dürfen nur
positive, aufbauende Gedanken pflegen. Jeder Gedanke, den Sie aussenden, repräsentiert eine Kraft, welche sich bei konsequentem Schwingungsrhythmus unbedingt zu realisieren sucht. So ist es auf diesem Wege
möglich, sich günstigere Verhältnisse zu schaffen und
es im Leben zu Wohlstand und Ansehen zu bringen.

Gedanken haben die Neigung, sich gegenseitig anzu-
ziehen, sich zusammenzuballen und miteinander zu
verschmelzen. Jeder Wunsch erzeugt gewisse Gedan-
kengebilde, die mit aller Kraft auf die Erfüllung gleich
gearteter Wünsche hinarbeiten. Sie ziehen Menschen
und Dinge durch Vermittlung dieser Gedanken-
gebilde an und werden umgekehrt auch von ihnen
angezogen. So haben wir an ihnen mächtige Helfer,
die stets am Werk sind und nie ruhen.

Ihre eigenen Gedanken zu beherrschen, ist das Größ-
te, was Sie vollbringen können, denn dadurch bestimmen Sie Ihr Schicksal vom Ursprung her. Der durch
positive Gedanken bewegte Geist ist die gewaltigste

Kraft, die es gibt. Sie ist an nichts gebunden. Alle Widerstände vermag sie zu beseitigen, alle Hindernisse zu nehmen. Dem menschlichen Geist ist nahezu nichts unmöglich. Fast alles vermag er zu vollbringen. Bei richtiger Betrachtung werden auch Sie zu der Erkenntnis gelangen, dass der Geist es ist, der über allem waltet, der unser Dasein bestimmt. Ein ungeheures Meer von Geist ist es, in dem wir leben, aus dem wir jederzeit so viel Kraft schöpfen können, wie wir benötigen. Gehen Sie daher nicht achtlos an dieser Kraft vorbei, sondern setzen Sie durch einen Sturm an dynamischen Gedanken das unendliche Meer des Geistes in Aufruhr. Je mehr Sie Ihr Ich durch harmonisch zielstrebiges Denken beherrschen lernen, umso mehr steht Ihnen alles nach Ihrem Wunsch zur Verfügung!

Es klingt unglaublich, was durch die Kraft der Gedanken alles erreicht werden kann. Durch Gedanken können Kranke gesund, aber auch Gesunde krank werden, je nachdem, in welche Richtung diese den Gedanken innewohnenden Kräfte gelenkt werden. Wenn Sie dauernd davor Angst haben, krank zu werden, können Sie mit Bestimmtheit damit rechnen, dass Sie es früher oder später auch wirklich werden. Irgendwie wird sich diese negative Einstellung bemerkbar machen. Jeder Gedanke – ich kann das nicht oft genug wiederholen – der in Ihnen auftaucht, hat das Bestreben, sich zu verwirklichen.

Es liegt also nur an Ihnen, ob Sie durch positive, zielbewusste Gedanken stark und erfolgreich werden oder durch dauernde negative Einstellung nichts als Misserfolg ernten wollen. Sie müssen sich dessen ständig bewusst sein, dass Sie in den Gedankenkräften eine schöpferische Macht besitzen, durch die Sie es in der Hand haben, Ihr Leben mit all seinen zahllosen Bedingungen nach Ihrem Willen zu gestalten.

Alles in der stofflichen Welt hat seinen Ursprung in Gedanken und hat von da aus seine endgültige Form erhalten. Jedes Haus, jede Maschine war zuerst in Gedanken vorhanden. Dieselben geistigen Kräfte erfüllten die Hand, die den ersten Entwurf zeichnete – und weiter die Hände, die ihm in Stein oder Metall seine körperliche Form gaben. Jeder bewussten Tat geht ein Gedanke voraus. So haben wir eine Kette; an einem Ende den Gedanken und am anderen Ende das Leben, das Schicksal und den Erfolg.

Auf diesem Wege können Sie jedes Ziel erreichen, das Sie sich gesteckt haben (vorausgesetzt, dass es Ihre Kräfte nicht übersteigt). Nur zwei Schritte sind nötig:

1. Sich ein Ziel zu setzen!
2. Diesem Ziel dann auch beständig nachzustreben, was immer passieren und wie steinig der Weg auch sein mag!

Dieses Gesetz wirkt unbedingt und zwar genau im Verhältnis zur Stärke Ihrer Gedanken und Ihres Glaubens. Der Glaube ist ein unsichtbarer Magnet, der alles anzieht, was er ersehnt und fest erwartet. Sie dürfen nur nicht in Ihren Bemühungen nachlassen, auch dann nicht, wenn sich schon die ersten Erfolge eingestellt haben. Es könnte sonst sehr schnell der Fall eintreten, dass Sie merken, wie die Quelle versiegt, aus der Ihnen bisher alles zugeflossen ist.

Wie oft treffen wir auf Menschen, die von nichts anderem reden, als von ihrem Kampf gegen Unglück und Armut. All ihre Gedanken sind voll von Pessimismus und Verzweiflung. Wie kann aber ein solcher Mensch erwarten, dass Wohlstand und Erfolg bei ihm einkehren, wenn er fortgesetzt seine inneren schöpferischen Kräfte lähmt. Es ist einfach unmöglich, Erfolge zu erzielen und gleichzeitig über Misserfolg und Armut zu jammern. Lassen Sie sich nicht anstecken!

Betrachten Sie Ihren Wunsch wie einen Samen, stärken Sie ihn mit starken positiven Gedanken, dann wird er, eben wie ein Samen, der aufgeht, alles aus dem Weg räumen, was ihm hinderlich ist! Hat er aber erst einmal Wurzeln geschlagen, wird ihn nichts mehr aufhalten, er wird weiter wachsen und reife Früchte tragen...!

Jeder Gedanke, den Sie aussenden, repräsentiert eine Kraft, die sich bei konsequenten Schwingungsrhythmen unbedingt zu realisieren sucht.

Jeder Wunsch erzeugt gewisse Gedankenbilder, die mit aller Kraft auf die Erfüllung gleich gearteter Wünsche hinarbeiten.

Der durch positive Gedanken bewegte Geist ist die gewaltigste Kraft, die es gibt.

Dem menschlichen Geist ist nahezu nichts unmöglich. Fast alles vermag er zu vollbringen.

Ein ungeheures Meer von Geist ist es, in dem wir leben, aus dem wir jederzeit so viel Kraft schöpfen können, wie wir benötigen.

Jeder Gedanke, der in Ihnen auftaucht, hat das Bestreben, sich zu verwirklichen.

Gedankenkräfte sind eine schöpferische Macht, durch die Sie Ihr Leben nach Ihrem Willen gestalten können.

Der Glaube ist ein unsichtbarer Magnet, der alles anzieht, was er ersehnt und fest erwartet.

Betrachten Sie Ihren Wunsch wie einen Samen, stärken Sie ihn mit starken positiven Gedanken, dann wird er weiter wachsen und reife Früchte tragen.

POSITIVES DENKEN

Die meisten Menschen gehen davon aus, dass »positives Denken« die gleiche Bedeutung wie »optimistisches Denken« und »negatives Denken« die gleiche Bedeutung wie »pessimistisches Denken« hat. Dies ist ein Missverständnis, denn sehr oft ist optimistisches Denken negatives Denken.

Positives Denken heißt klares Denken, unvoreingenommenes Denken, selbstständiges Denken. Wenn wir jemanden sagen hören: »Ich weiß genau, dass wir bei unserem Picknick am Sonntag schönes Wetter haben werden. Wir wollen einfach daran glauben, wir wollen positiv denken!«, dann ist dies ist ein typisches Beispiel für negatives Denken. Jeder, der glaubt, er habe Einfluss auf das Wetter, ist einfach ein Opfer des Aberglaubens. Aberglaube ist negatives Denken, weil es unklares Denken ist.

Dale Carnegie sagte einmal: »Erwartet das Beste, aber seid auf das Schlimmste gefasst!« Es ist auch sehr nützlich, praktisch auf das Schlimmste gefasst zu sein. So schadet es nichts, sich in Ruhe zu überlegen, was man tun könnte, wenn es zur Zeit des Picknicks Bindfäden regnet. Es könnte ein guter Gedanke sein, als Ersatz für das Picknick etwas anderes ins Auge zu fassen.

Wir haben alle schon so viel von »positivem Denken« gehört, aber wie viele Menschen haben eine klare Vorstellung davon, was positives Denken eigentlich heißt. Um es ganz einfach zu erklären, folgt hier eine Übersicht über das, was positives Denken bedeutet:

▲ Wir wissen, was wir tun und was wir nicht tun sollen.

▲ Wir denken schöpferisch und nicht zerstörerisch.

▲ Gelassenheit statt Selbstbemitleidung

▲ Selbstvertrauen statt Mutlosigkeit

▲ Bereitschaft zur Mitarbeit statt Feindseligkeit

▲ Optimismus statt Pessimismus

▲ Erkenntnis statt verstandesmäßiger Auslegung

▲ Zustimmung statt Ablehnung

▲ Einfühlungsvermögen statt Selbstsucht

▲ Erklärung statt Tadel

▲ Offenheit statt Voreingenommenheit

▲ Planen statt Sorgen

▲ Vertrauen statt Furcht

▲ Selbstachtung statt Trägheit

▲ Abwägendes statt impulsives Handeln

▲ Ausdauer statt Unentschlossenheit

▲ Ernsthaftes Streben statt müheloses Erreichen-wollen

Es ist nichts geheimnisvolles am positiven Denken. Es ist die realistischste, praktischste und wissenschaftlichste Methode, um die Gefühle zu beherrschen, einen finanziellen Erfolg zu erringen, glücklich zu sein, Freunde zu gewinnen und von seelisch bedingten Krankheiten frei zu sein. Es gibt nichts am positiven Denken, was religiösen Lehren, der Ehrlichkeit oder der Selbstachtung widerspricht.

Wenn Sie die nachstehende Liste von Aussprüchen lesen, dann nehmen Sie Bleistift und Papier und schreiben Sie in jedem Fall den Namen eines Ihnen sehr nahestehenden Menschen auf, von dem Sie glauben, dass eine solche Äußerung für ihn bezeichnend ist.

Erste Liste:

▲ »Es ist wunderbar zu leben.«
»Ich weiß, dass ich es herausfinde.«

▲ »Danke, das scheint ein guter Einfall zu sein.«

▲ »Ich tue mein Bestes. Wenn ich diesmal keinen
Erfolg habe, so will ich kein Spielverderber sein,
sondern es noch einmal versuchen.«

▲ »Wenn es gemacht werden muss, dann sollte es
richtig gemacht werden.«

▲ »Ich glaube, ich bin einer der glücklichsten
Menschen der Welt.«

▲ »Für das nächste Mal wünsche ich Ihnen
mehr Glück.«

▲ »Ich fürchte mich nicht, es zu versuchen.«

▲ »Wenn ich im Unrecht bin, dann möchte ich
wissen warum.«

▲ »Wenn es nicht geht, werde ich es anders versuchen.«

▲ »Ich will verdammt sein, wenn ich jetzt aufgebe.«

▲ »Es muss einen besseren Weg geben.«

▲ »Es könnte mir nicht besser gehen, wenn ich es versuchte.«

▲ »Ich liebe dich so, wie du bist – du brauchst dich überhaupt nicht zu ändern.«

Zweite Liste:

▲ »Menschenskind... einige Leute haben ein Glück.«

▲ »Das ist unmöglich.«

▲ »Ich fürchte mich.«

▲ »Was tun Sie, wenn das nicht geht?«

▲ »Die Leute würden es nicht verstehen.«

▲ »Es ist die Mühe nicht wert.«

▲ »Ich habe keine Zeit dafür.«

▲ »Ich kann versuchen, was ich will, es führt alles zu nichts.«

▲ »Ich komme davon nicht los.«

▲ »Ich wollte, ich wäre tot.«

▲ »Das scheint eine gute Regel für die meisten Menschen zu sein, aber nicht für mich.«

▲ »Wenn man es nicht wüsste, müsste es zu einer Zeit wie dieser geschehen.«

▲ »Es gibt dabei niemals einen Misserfolg.«

▲ »Was habe ich getan, um das alles zu verdienen.«

▲ »Ich weiß, wann ich verloren habe.«

▲ »Ja, aber sie haben nicht meine Probleme.«

▲ »Was nützt das?«

▲ »Sie haben gut reden!«

▲ »Mein übliches Pech.«

▲ »Das Ärgerliche an dir ist, dass...«

Jetzt lesen Sie die beiden Listen noch einmal genau durch und streichen Sie dabei die Sätze an, die am ehesten so klingen, als wenn Sie von *Ihnen* gesprochen worden wären.

Dies ist eine ganz wichtige Übung. Sie wird Ihnen mehr Einsicht bei Ihrer Selbsterkenntnis geben, denn sie ist, wie allgemein bekannt, »der erste Weg zur Besserung«.

WAS POSITIVES DENKEN IST UND WIE MAN ES ANWENDET

Wenn Sie lernen, nach den Grundsätzen zu leben, die in diesem Buch erklärt werden, dann lernen Sie, was positives Denken ist, wie man es anwendet und welches die Elemente des Glücks sind.

Einerlei was für ein Mensch Sie sind; wichtig ist nur, dass Sie davon überzeugt sind, dass es nur einen Weg gibt, Spannungen, Sorgen, Misserfolge und Magengeschwüre zu vermeiden: **Positives Denken.**

Ein durch positives Denken gereifter Mensch ist davon überzeugt, dass er seine dadurch erreichten Kenntnisse immer richtig anwenden wird.

▲ Er will niemals aufhören zu lernen.

▲ Er weiß, dass er immer etwas Neues lernen kann.

▲ Er ist zuverlässig, Er tut, was er zu tun versprochen hat.

▲ Er sucht zunächst das Positive an einem Plan oder bei einem Menschen, bevor er das Negative sucht.

▲ Er hält Streitigkeiten oder Zänkereien niemals für notwendig.

▲ Er hat Vertrauen zu anderen Menschen.

▲ Er scheut sich nicht, seine eigenen Fehler einzugestehen.

▲ Er macht sich keine Sorgen.

▲ Er erwartet von niemandem besondere Gunstbezeigungen.

▲ Er ist begeisterungsfähig.

▲ Er ist ehrlich.

▲ Er kann gar nicht umhin, glücklich zu sein.

▲ Er gewinnt fast immer neue Freunde.

▲ Er ist finanziell erfolgreich.

▲ Er kennt die Regeln des positiven Denkens.

▲ Er handelt in einer Weise, die für ihn so nützlich wie möglich ist.

Das Geheimnis des Erfolges besteht darin, dass Sie an jede Aufgabe mit der Überzeugung herangehen, dass Sie Nutzen davon haben werden und nicht, dass es sich um eine Pflicht handelt.

Die Beachtung und Befolgung der Regeln, die in diesem Buch enthalten sind, werden es Ihnen ermöglichen, bald zu der kleinen Gemeinschaft begünstigter Menschen zu gehören, die

– nicht umhin können, glücklich zu sein

– nicht umhin können, überall Freunde zu gewinnen

– nicht umhin können, andere Menschen
glücklich zu machen

– nicht umhin können, finanziell erfolgreich
zu sein

Machen Sie nun beim Lesen eine Pause und denken
Sie darüber nach! Ist die Erreichung dieser vier Ideale
nicht jede Anstrengung Ihrerseits wert?

Positives Denken ist die realistischste Methode, um Erfolg zu erringen und glücklich zu sein.

Es gibt nichts am positiven Denken, was religiösen Lehren, der Ehrlichkeit oder der Selbstachtung widerspricht.

Es gibt nur einen Weg, Spannungen, Sorgen, Misserfolge und Magenge-schwüre zu vermeiden: Positives Den-ken.

Durch Beachtung und Befolgung der Regeln des positiven Denkens werden Sie zu der kleinen Gemeinschaft begünstigter Menschen gehören, die nicht umhin können, glücklich zu sein.

SECHS SCHRITTE, UM WICHTIGE ENTSCHEIDUNGEN ZU TREFFEN

Eine Hauptvoraussetzung zum Erfolg ist die Fähigkeit, uns eine eigene Meinung zu bilden und eine Entscheidung selbst zu treffen.

Jeder von uns muss täglich Tausende von Entscheidungen treffen. Natürlich sind nicht alle davon wichtig. Aber bei vielen der so genannten unwichtigen Entscheidungen geht es bei dem betreffenden Menschen um Leben und Tod.

Angenommen, Sie fahren mit Ihrem Wagen auf der Autobahn. Sie treffen dauernd Entscheidungen, wenn Sie das Steuer nach links oder rechts drehen. Jede dieser Entscheidungen, wenn sie falsch ist, könnte zur Folge haben, dass Sie mit einem anderen Wagen zusammenstoßen. Sie müssen Entscheidungen treffen, die entweder Ausdruck eines abgewogenen Urteils sind oder zeigen, dass Sie unüberlegt handeln.

Es ist z.B. sehr wichtig, wo Sie sich zu wohnen ent-
schließen; Sie müssen daher sehr ernsthaft darüber
nachdenken. Wen Sie heiraten, welche Berufswahl Sie
treffen oder wie Sie Ihre Ersparnisse anlegen, sind
solche wichtigen Entscheidungen.

Hier ist nun etwas Überraschendes: Die meisten Menschen treffen Ihre Entscheidungen nach einem vor-
schnellen Urteil. Mit anderen Worten: Sie lassen ihren
Verstand durch ihr Gefühl leiten. Einem solchen Menschen ist das Urteil der Leute wichtiger als der Rat des
Fachmanns. Wir wollen daher zu den Fragen zurückkehren, *wie* man *wichtige* Entscheidungen trifft.

Zuerst müssen Sie feststellen, ob es sich um eine wichtige Entscheidung handelt.

Dann tun Sie Folgendes:

▲ Sammeln Sie alles verfügbare Material!

▲ Ordnen Sie es!

▲ Werten Sie es aus!

▲ Überprüfen Sie es nach seiner Bedeutung!

▲ Treffen Sie Ihre Entscheidung, indem Sie Bilanz ziehen!

▲ Handeln Sie sofort auf Grund Ihrer Entscheidung!

1. Sammeln Sie alles verfügbare Material

Sie werden bessere Entscheidungen fällen, wenn Sie alles, was damit zusammenhängt, aufschreiben, statt es sich nur zu merken – und Sie werden auf weite Sicht Zeit sparen. Da wir uns mit Logik befassen, müssen wir lernen, zwischen Meinungen und Tatsachen zu unterscheiden. Dies ist oft schwieriger, als es den Anschein hat.

Hier sind einige der häufigen Fehler, vor denen Sie sich hüten müssen:

▲ anzunehmen, dass das nahe Liegende das Richtige ist

▲ anzunehmen, dass wenn ein Ereignis dem anderen folgt, dies dessen Folge ist

▲ anzunehmen, dass etwas richtig ist, weil Sie nicht beweisen können, dass es falsch ist

▲ anzunehmen, dass die Meinung eines erfolgreichen Menschen notwendigerweise richtig ist

▲ anzunehmen, dass, weil etwas zu einem bestimmten Zeitpunkt wichtig war, es auch für eine andere Zeit richtig sein muss

▲ anzunehmen, weil etwas an einem bestimmten Ort richtig war, es auch an einem anderen Ort richtig sein muss

▲ anzunehmen, weil etwas für einen bestimmten Menschen gilt, es auch für einen anderen Menschen gelten muss

▲ anzunehmen, dass zwei Dinge, die in einigen Punkten gleich sind, auch in allen Punkten gleich sind

▲ etwas Einmaliges als typisch anzusehen

▲ etwas, was Sie von voreingenommenen Menschen erfahren, als Tatsache anzusehen

▲ sich von Ihrem eigenen Vorurteil beeinflussen zu lassen

▲ anzunehmen, dass die Mehrheit immer im Recht ist

▲ eine Entscheidung ohne genügend Unterlagen zu treffen

▲ sich mit jemandem zu streiten, ehe Sie verstehen, wie er zu seiner Ansicht gekommen ist

▲ zu glauben, dass Sie frühere Verpflichtungen einhalten müssen

2. Ordnen Sie das Material

Dies bedeutet, dass Sie auf einem Blatt Papier zusammenstellen müssen, was günstig und was ungünstig ist.

3. Werten Sie das Material aus

Dies bedeutet, dass Sie hinter jeden Punkt einen relativen Wert in Euro und Cent schreiben sollten. Einen Punkt von sehr großer Bedeutung bewerten Sie vielleicht mit 3000 Euro, der nächste Punkt kann dagegen so unbedeutend sein, dass Sie ihn mit 50 Cent bewerten.

Bei der Auswertung des Materials ist es natürlich notwendig, es genau zu überprüfen. Aber verfehlen Sie nicht, jeden Punkt nach folgenden Kriterien zu beurteilen: 1. wer etwas tut, 2. was er tut, 3. wo er es tut, 4. warum er es tut, 5. wem gegenüber er so handelt, 6. wie viel es kostet. Jede dieser Fragen ist zur richtigen Beurteilung jedes Punktes von großer Bedeutung.

4. Überprüfung des Material nach seiner Bedeutung

Für Ihre Entscheidung zählen Sie alle positiven und negativen Punkte zusammen!

5. Treffen Sie Ihre Entscheidung, indem Sie Bilanz ziehen

Treffen Sie Ihre Entscheidung danach, ob die positiven oder negativen Punkte überwiegen!

6. Sofort auf Grund der Entscheidung handeln

Wenn Sie eine Entscheidung hinausschieben und zögern, danach zu handeln, dann treffen Sie tatsächlich eine neue Entscheidung, ob Sie sich darüber klar sind oder nicht. Sie treffen die Entscheidung, die Entscheidung zu verschieben. Dies ist ein sehr ernster und wichtiger Grundsatz, den wir verstehen müssen.

Wenn Sie die Entscheidung hinauszögern, das Rauchen aufzugeben, so ist dies dasselbe, als ob Sie sich entschlössen, das Rauchen nicht aufzugeben. Wenn Sie die Entscheidung hinauszögern, eine ausreichende Lebensversicherung abzuschließen, so ist es genau dasselbe, als entschlössen Sie sich, Ihre Familie auch weiterhin unversorgt zu lassen.

Man darf sich nicht zweimal besinnen, wenn man eine Entscheidung trifft. Wenn Sie alle verfügbaren Unterlagen gesammelt haben, so haben Sie die notwendigen Voraussetzungen erfüllt, um Ihre Entscheidung treffen zu können.

Einer der häufigsten Fehler, zu dem wir alle neigen, besteht darin, dass wir eine Entscheidung hinauszögern, bis wir die Ansichten anderer Menschen gehört haben. Tatsachen .... ja! Meinungen......nein! Meinungen anderer Leute schaden mehr als sie nutzen. Sie führen nur dazu, uns das Problem nicht mehr klar sehen zu lassen, weil die Meinung selten von jemandem geäußert wird, der sich die Mühe gemacht hat, alles verfügbare Material zu sammeln. Eine solche negative Gewohnheit trägt ferner dazu bei, unser Selbstvertrauen zu mindern.

Menschen, die ihre Entscheidungen selbst treffen, ohne sich von der gegenseitigen Meinung anderer Menschen beeinflussen zu lassen, werden überall in der Welt geachtet.

Die Fähigkeit, uns eine eigene Meinung zu bilden und eine Entscheidung selbst zu treffen ist die Hauptvoraussetzung zum Erfolg.

Menschen, die Ihre Entscheidungen selbst treffen, werden überall in der Welt geachtet.

Wenn Sie eine Entscheidung getroffen haben, zögern Sie nicht, auch sofort danach zu handeln.

DIE ELEMENTE DES GLÜCKS

In den letzten Jahren hat sich immer mehr die Einsicht durchgesetzt, dass ein großer Anteil unserer körperlichen Krankheiten entweder mittelbar oder unmittelbar durch falsches Denken entstanden ist, durch das wiederum schädliche Empfindungen ausgelöst werden wie: Verzweiflung, Feindseligkeit, Voreingenommenheit, Furcht, Zorn, Ungeduld, Schuldgefühl, Minderwertigkeitskomplexe, Neid......und Unglücklichsein.

Es gibt jedoch viele gesundheitsfördernde Gefühlsregungen. Sie beeinflussen die Drüsentätigkeit in einer Weise, die der Gesundheit nützen. Da jedoch die oben erwähnten Gefühlsregungen alle schädlich sind, wollen wir uns über diese wichtigen Tatsachen klar werden und untersuchen, welche Methoden am wirksamsten sind, um zu verhindern, dass schädliche Gefühle sich unser bemächtigen.

Wenn wir es ganz einfach ausdrücken wollen, können wir sagen, dass unter normalen Bedingungen ein

Zustand des Unglücklichseins ungesund und ein Zustand des Glücklichseins gesund ist.

Natürlich ist jede solche vereinfachende Behauptung gefährlich und hängt davon ab, wie sie von Ihnen als Leserin oder Leser verstanden wird. Wir können z.B. so weit gehen, zu sagen, dass ein Betrunkener glücklich ist und es daher die Gesundheit fördert, wenn man sich betrinkt.

Wir sprechen von einem Glücksgefühl, wie es der gereifte Mensch versteht, einem Glücksgefühl, wie es durch richtiges Denken und nicht durch Alkohol oder Marihuana hervorgerufen wird.

Der beste Weg, einen gemeinsamen Nenner für die Begriffsbestimmung des Glücklichseins zu finden, ist der, die einzelnen Elemente des Glücks zu bestimmen.

Hier sind sie:

1. **Die Überzeugung, gebraucht und geschätzt zu werden**
a. Gefühlsmäßig
b. durch unsere Arbeit

2. Das Gefühl, etwas Wertvolles zu leisten

3. Freisein von Nervenbelastung und Bedrückung
a. in beruflicher Hinsicht
b. politisch
c. in der Familie

4. Eine geachtete berufliche Tätigkeit

5. Das Gefühl der Sicherheit
a. Finanziell
b. Psychologisch

6. Freisein von Furcht
a. von der Furcht, dumm zu sein
b. von der Furcht, erkannt zu werden
c. von der Furcht, die Gedanken nicht ausdrücken zu können
d. von der Furcht, verschuldet zu sein
e. von der Furcht vor dem Ungewissen (neurotische Furcht)

7. Erweiterung der Erkenntnisse

a. durch neue Wissensgebiete

b. durch Fortschritte auf alten Gebieten

c. durch einen offenen Sinn

8. Gute Gesundheit

9. Selbstvertrauen

10. Freisein von Schuldgefühlen

Um gerecht zu sein, muss ich zugeben, dass es im Leben eines Menschen Zeiten gibt (sehr wenige), die es ihm unmöglich machen, glücklich zu sein. Als Beispiel wollen wir annehmen, dass ein Mitglied Ihrer Familie einen ernsten Autounfall erlitten hat und Sie aus diesem Grund auf einen großen Geschäftsabschluss verzichten müssen. Ich gebe zu, dass es unter solchen Umständen zu viel verlangt wäre, wenn wir trotzdem glücklich bleiben sollten. Aber auch dann hätten wir kaum die Zeit, um uns unglücklich zu fühlen, weil wir so sehr damit beschäftigt wären, etwas dagegen zu tun.

Erinnern Sie sich daher an das Lied: »Glücklich ist, wer vergisst, was nicht mehr zu ändern ist!«

Sie können die Tatsache nicht ändern, dass ein Familienmitglied einen Unfall erlitten hat, aber Sie können die möglichen Folgen dadurch abwenden, dass Sie etwas Besonderes tun. Und der bloße Umstand, dass Sie konstruktiv tätig sein müssen, wird Sie zeitweilig vor schädlichen Gefühlsbewegungen bewahren.

Der Unterschied zwischen glücklichen und unglücklichen Menschen ist:

▲ Wahrhaft glückliche Menschen planen immer etwas für die Zukunft.

▲ Wahrhaft glückliche Menschen sind gefühlsmäßig auf Fehlschläge vorbereitet, wenn sie einen Erfolg erwarten.

▲ Wahrhaft glückliche Menschen machen sich nicht viel aus Fehlschlägen in kleinen und unwichtigen Dingen.

▲ Wahrhaft glückliche Menschen erwarten einen Erfolg, in kleinen wie in großen Dingen.

▲ Wahrhaft glückliche Menschen wissen, dass einen Erfolg zu erwarten, an ihn zu glauben heißt.

▲ Wahrhaft glückliche Menschen wissen, dass es keinen Glauben ohne Selbstvertrauen gibt.

▲ Wahrhaft glückliche Menschen wissen, dass sie es nicht nötig haben, sich herabzusetzen. Sie können Selbstvertrauen haben, ohne zu glauben, dass sie gut (tüchtig) sind.

▲ Wahrhaft glückliche Menschen haben kein Schuldgefühl deswegen, weil sie glauben, sie seien gut, aber sie prahlen auch nicht damit. Wahrhaft glückliche Menschen haben keine Schuldgefühle, wenn sie immer glücklich sind.

▲ Wahrhaft glückliche Menschen sind erfolgreiche Menschen.

Ein großer Anteil körperlicher Krankheiten entsteht mittelbar oder unmittelbar durch falsches Denken.

Ein Glücksgefühl, wie es der gereifte Mensch versteht, wird nicht durch Alkohol oder Drogen, sondern durch richtiges Denken hervorgerufen.

Wahrhaft glückliche Menschen planen immer etwas für die Zukunft und sie wissen, dass einen Erfolg zu erwarten, auch an ihn zu glauben heißt.

ACHT GEBOTE FÜR DEN ERFOLG

Es gibt so etwas wie ein Gesetz des Wohlstandes, und wenn Sie nach diesem Gesetz leben, kann praktisch nichts schiefgehen. Ich habe versucht, Ihnen dieses Gesetz in den nachstehenden acht Geboten zu erklären.

Wenn Sie nicht unbedingt das Produkt Ihrer Umgebung sein wollen, sondern aus der großen Masse herauszuragen wünschen, müssen Ihnen diese acht Gebote zum unumstößlichen Gesetz werden. Lesen Sie sie langsam und mehrfach. Es ist kein Wort zu viel geschrieben, jedes einzelne hat seine Bedeutung!

1. Gebot
Ihre Wünsche müssen sittlich, moralisch und ethisch einwandfrei sein, Sie dürfen sich also nichts wünschen, was einem anderen Menschen schaden oder ihn benachteiligen könnte!

Wollen Sie die hier erläuterten Kräfte des Geistes als Waffe benutzen, um einem Ihrer Mitmenschen Schaden zuzufügen, wäre es wie ein Bumerang, der auf den, der ihn wirft, wieder zurückfällt.

Dass es so etwas wie eine »schwarze Magie« gibt, wird wohl niemand bestreiten, der sich schon etwas mit diesen Dingen beschäftigt hat. So hat man z. B. früher (wahrscheinlich wird Derartiges auch heute noch betrieben), um einen Menschen zu verzaubern, eine Puppe aus Wachs hergestellt, in die dann eine so genannte Mumie, d.h. eine Ausscheidung des zu verzaubernden Menschen, eingeknetet wurde. Dann wurde diese Puppe unter entsprechenden Beschwörungen und Anrufungen teils gekocht, teils in die Nähe eines offenen Feuers gestellt. Damit sollte in dem Beeinflussten eine Unruhe und Unrast erzeugt werden, die erst endete, wenn dem Zauber nachgegeben wurde. Geschah dies nicht, wurde die magische Beeinflussung fortgesetzt. Es wurde sogar versucht, nicht nur allgemeine Angstzustände zu erregen, sondern auch schwere gesundheitliche Schädigungen hervorzurufen. Zu diesem Zweck durchstach man die Puppe an bestimmten Stellen mit Nadeln.

Ich will nicht noch näher auf diese Dinge eingehen, um niemanden in Versuchung zu führen. Eines möchte ich aber nochmals betonen: Lassen Sie sich niemals auf solche Dinge ein! Sie erreichen nur das Gegenteil von dem, was Sie eigentlich erreichen wollten, und der Geschädigte wären letzten Endes nur Sie allein!

2. Gebot
Lieben Sie das Geld niemals um des Geldes willen!

Sie benötigen vor allem die richtige Einstellung zum Geld. Geld muss immer in Umlauf gehalten werden. Jedes Knausern und Hamstern rächt sich schnell. Dies soll nicht heißen, dass Sie keinen Besitz erwerben sollen, jedoch dürfen Sie mit Ihrem Kapital nicht kleinlich sein. Wenn ein Fall eintritt, wo Geld nötig ist, geben Sie es ruhig und ohne Furcht aus, dann wird es einen Weg öffnen, auf dem bedeutend mehr hereinkommt, als Sie ausgegeben haben. Durch ständige Furcht vor Verlust würden Sie gerade das erreichen, was Sie eigentlich vermeiden wollten.

Wer immer nur engherzig spart und dadurch am Kleinen hängt, wird niemals groß und wohlhabend werden. Manche Menschen haben für das, was billig ist, geradezu eine Manie, wissen aber nicht, dass Sie sich dadurch mit einer Atmosphäre der Ärmlichkeit umgeben, die wahren Wohlstand nicht aufkommen lässt.

Vorsichtig tastende Ärmlichkeit unterdrückt jedes Aufkommen einer positiven Kraft. Darum sparen Sie niemals am falschen Ort, denn dadurch legt sich ein niederdrückender, beengter Zustand auf Ihre ganze Persönlichkeit und hemmt deren natürliche Entfaltung!

Wer immer Sorgfalt auf seine Kleider legt (ohne eitel zu sein) und auf Reisen ein paar Mark mehr für ein gutes Hotel ausgibt, dem wird durch diese geringen Mehrkosten das Selbstbewusstsein gestärkt und seine Persönlichkeit gehoben. Allzu vorsichtigen und ängstlich sparenden Menschen mangelt es an Selbstbewusstsein, denn dadurch, dass sie immer an das Kleine und Billige denken, nähren sie ihre Kraft nicht am Großen und Schönen. Es fehlt ihnen einfach der Schwung beglückender und schöpferischer Gedanken!

3. Gebot

Prüfen Sie zuerst, was ihr oberster Wunsch ist!

Die meisten Menschen wissen gar nicht, was sie sich eigentlich wünschen. Es genügt nicht, sich einfach nur Erfolg zu wünschen. Erfolg ist ein sehr weitläufiger Begriff, und jeder versteht etwas anderes darunter. Darum ist es wichtig, dass Sie wissen, was eigentlich Ihr oberster Wunsch ist, von dem Sie sich vor allem eine Erfüllung ersehnen!

Zersplittern Sie auf keinen Fall ihre Kräfte, sondern konzentrieren Sie sich nur auf dieses eine Ziel. Es hat keinen Zweck, sich heute dies und morgen jenes zu wünschen. Wenn Sie sich über Ihr Ziel klar geworden sind, darf es für Sie nichts anderes mehr geben, das nicht damit in irgendeinem Zusammenhang steht. Wenn Sie bei allem, was Sie tun, immer dieses eine Ziel vor Augen haben, werden Sie dies auch mit Bestimmtheit erreichen.

4. Gebot

Zweifeln Sie niemals daran, dass Sie das, was Sie sich vorgenommen haben, auch wirklich erreichen!

Glauben Sie fest und unerschütterlich und mit Ihrer ganzen Kraft an Ihr Können und Ihre Fähigkeiten. Lassen Sie sich von keinem Rückschlag entmutigen! Sie haben es ja selbst in der Hand, auch Niederlagen in Erfolge umzuwandeln.

Wenn Sie gewinnen wollen, müssen Sie alle Ihre Unternehmungen mit der Überzeugung beginnen, dass Sie gewinnen. Ein starkes und aufrichtiges Selbstvertrauen umgibt Sie mit einer Atmosphäre des Erfolges, die alle Hindernisse aus dem Weg räumt und Sie mit Menschen in Verbindung bringt, die Ihnen auf Ihrem Weg nach oben behilflich sein können.

Beinahe jeder Mensch schleppt irgendeinen Talisman mit sich herum, von dem er glaubt, dass er ihm Glück bringen wird. Es ist aber nicht das Hufeisen – oder was sonst es immer sein mag – an sich, das Glück bringt, sondern der Glaube an die Glück bringende Wirkung des Gegenstandes ist es, der ihm diese Eigenschaften verleiht.

Wenn Sie krank sind, wird Ihnen kein Arzt und keine Medizin etwas helfen, wenn Sie nicht selbst daran glauben, dass Sie wieder gesund werden. Es ist erstaunlich, was manche Menschen, die von den Ärzten als hoffnungslos krank bezeichnet wurden, noch alles erreicht haben. Sie hätten dies aber niemals vollbringen können, wenn sie sich die Meinung ihrer Ärzte zu ihrer eigenen gemacht hätten.

Der Glaube ist es, der selbst Berge versetzt und ohne den Sie im Leben nur wenig erreichen.

5. Gebot
Nicht stecken bleiben!

Der Grund, warum es die wenigsten Menschen in ihrem Leben zu hervorragenden, sie selbst befriedigenden Positionen, zu Glück und Wohlstand bringen, liegt darin, dass die meisten wohl die richtigen Gedanken zur Erlangung dieser Güter haben, jedoch aus innerer Zerfahrenheit von einem Ziel aufs andere springen und zwar überall gute Grundlagen bauen, es aber dann an der Ausführung mangeln lassen.

Der Umstand, dass sich der ersehnte Erfolg nicht sofort einstellt, macht sie verdrossen und missmutig. Alle Menschen verstehen es zwar, gut anzufangen, nicht aber fortzufahren. Ihr Misserfolg lässt sich stets und immer wieder durch den einen Satz kennzeichnen: »Sie sind stecken geblieben.« Stillstand ist Rückschritt, und so ist es nicht verwunderlich, wenn solche Menschen trotz aller Aufopferung, trotz aller Bemühungen, am Ende immer wieder da stehen, wo sie angefangen haben.

Als eine der Hauptregeln zur Erlangung von Erfolg merken Sie sich daher auf jedem Gebiet die Worte: »Nicht stecken bleiben!«

6. Gebot
Versäumen Sie niemals Ihre täglichen Pflichten!

Alles, was Sie tun, muss, solange Sie es tun, das wichtigste Ding der Welt für Sie sein. Das ist ein Grundgeheimnis jeglichen Erfolges. Sie können nicht erwarten, in eine gehobene Positionen zu kommen, wenn Sie die Arbeiten Ihrer jetzigen, untergeordneten Stellung nicht richtig und zur vollen Zufriedenheit Ihrer Vorgesetzten ausführen.

Wenn Sie zu jeder Zeit mit vollem Bewusstsein bei der jeweiligen Handlung sind, so können die von Ihnen ausgeführten Werke nichts anderes als den Stempel Ihrer Sorgfalt tragen. Dadurch spricht Ihre Leistung für sich, und ein Erfolg reiht sich an den anderen. Zu einer Zeit können Sie immer nur ein Ding richtig vollbringen. Dieses eine lässt sich aber bei gesteigertem Bewusstsein zur höchsten Vollendung bringen.

Das, was Sie tun, spricht für Sie, deshalb muss es selbstverständlich sein, dass Sie das, was Ihnen aufgetragen wird, mit Sorgfalt ausüben.

Haben Sie den Wunsch, in dem Betrieb, in dem Sie arbeiten, in eine höhere, verantwortungsvollere Position zu kommen, so wird man, wenn Sie Ihren Pflichten unter diesen Voraussetzungen nachkommen, früher oder später auf Sie aufmerksam werden.

Es ist ein Fehler zu glauben, dass Sie dies und das nicht nötig hätten, dass die Arbeiten, die Sie zu ma-

chen haben, unter Ihrer Würde stünden. Jede Arbeit
– und mag sie Ihnen noch so unwichtig erscheinen –
müssen Sie mit Ihrem vollen Bewusstsein ausüben.
Haben Sie aber dabei immer die feste und unerschüt-
terliche Erwartung, dass es bald anders sein wird!

7. Gebot
Gehen Sie diesen Weg in aller Stille!

Erzählen Sie niemandem, auch nicht Ihren besten
Freunden, von dem, was Sie sich vorgenommen haben! Warten Sie nicht auf den Zuspruch Ihrer Um-
welt, denn man würde Sie doch nicht verstehen! Viele Menschen mit den besten Ideen sind schon an Red-
seligkeit gescheitert.

Ihr Ziel muss klar und unerschütterlich vor Ihrem
geistigen Auge stehen, und nichts darf Sie davon ab-
bringen. Wenn Sie anfangen, darüber zu reden, ver-
lieren Sie die Verbindung mit Ihrem Unterbewusstsein, und der Erfolg aller bisherigen Bemühungen
wird dadurch in Frage gestellt. Darum schweigen Sie,
lassen Sie sich nicht in Ihre Karten sehen! Es könnte

sonst der Fall eintreten, dass man über Sie lächelt, sich lustig macht und Sie dadurch wieder an sich selbst zu zweifeln beginnen. Der Zweifel aber – ist der Anfang aller Übel!

8. Gebot
Lesen Sie nochmals, und zwar Wort für Wort, die vorhergegangenen sieben Gebote durch!

Erst dann, wenn Sie alle diese Bedingungen restlos erfüllt haben, sollten Sie weiterlesen. Ich kann es nicht oft genug wiederholen, wie wichtig diese sieben Punkte sind. Lesen Sie jedes Wort mit Ihrem vollen Bewusstsein! Sobald Sie merken, dass Ihre Gedanken abschweifen, hören Sie auf und lesen Sie später weiter! Übereilen Sie nichts, denn »in ein eiliges Geschäft mischt sich der Teufel«!

DIE TECHNIK DES GEISTIGEN BILDES

Ich hoffe, Ihnen in den vorherigen Kapiteln das Wesen der Gedanken einigermaßen verständlich gemacht zu haben, und komme nun zum wichtigsten Teil meiner Ausführungen, nämlich zur Erzeugung plastischer Gedanken. Worauf es dabei vor allem ankommt, will ich Ihnen so kurz wie möglich erklären.

Die ganze Kunst besteht darin, dass Sie sich in Gedankenbildern das, was Sie sich wünschen, bereits als Wirklichkeit vorstellen können oder sich das tun sehen, was Sie gerne tun möchten. Je klarer und deutlicher Sie sich diese Bilder vor Ihr geistiges Auge führen und je länger Sie sie festhalten können, desto schneller wird das, was Sie sich wünschen, auch in äußere Erscheinung treten.

Wenn Sie täglich in der Stille auch nur für einige Minuten Ihren Wunsch in Gedanken verwirklichen und nicht aufhören, an dessen Verwirklichung ruhig und voll Zuversicht zu glauben, dann werden Sie nicht ohne den erwarteten Erfolg bleiben. Gerade die feinen und intensiven Gedanken, aus der bewegungslosen Stille geboren, sind die wirksamsten.

Versuchen Sie es einmal, sich für wenige Sekunden auf eine Sache zu konzentrieren, dann werden Sie feststellen, wie vielerlei Gedanken, Ideen und Fantasien mit erstaunlicher Schnelligkeit an Ihrem Bewusstsein vorüberziehen. Es ist aber Ihre Hauptaufgabe, diese wirren Gedanken zu ordnen und sich nur auf Ihr gestecktes Ziel zu konzentrieren.

Konzentration ist Macht, in Verbindung mit gefühlsbetonten Gedankenbildern aber schöpferische Kraft, die das innerlich plastisch Vorgestellte zur Wirklichkeit werden lässt. Volle Konzentration kann aber nur durch intensives Üben erreicht werden. Es muss Ihnen gelingen – auch in größtem Tumult – sich völlig abzuschließen und sich zu konzentrieren.

Volle Konzentration ist nur bei völliger Entspannung möglich. Jede Gewaltanwendung beim Denken ruft eine Verkrampfung hervor, und eine volle Kraftentfaltung kann dann nicht erfolgen. Um die »Technik des geistigen Bildes« voll zu beherrschen, müssen Sie daher zuerst folgende drei Grundübungen durchgehen:

1. Entspannung
2. Rhythmisches Atmen
3. Konzentration

Entspannung:

Setzen Sie sich so bequem wie möglich in einen Sessel oder auf einen Stuhl, und strecken Sie Ihre Glieder zwanglos aus. Richten Sie nun Ihre ganze Aufmerksamkeit auf Ihre Muskeln, bis Sie einen undeutlichen Schmerz, ein Gefühl des Ziehens verspüren. Dies ist das erste Anzeichen der beginnenden Entspannung. Lösen Sie nun Ihre Muskeln, als wollten Sie völlig erschlaffen. Der Idealzustand ist erreicht, wenn alles Ziehen aufhört und Sie sich träge fühlen.

Dass diese Übung nicht so leicht ist, wie es sich liest, werden Sie schon beim ersten Versuch bemerken. Mit etwas Geduld und Ausdauer werden Sie aber auch darin ein Meister werden; vorher sollten Sie sich jedoch nicht zufrieden geben.

Wenn die Entspannung der Muskeln völlig erreicht ist, muss es Ihnen unmöglich sein, in diesem Zustand eine bewusste Bewegung zu machen, etwa die Hand zu heben oder eine Faust zu machen. Sie werden fast eine Minute benötigen, um wieder in den alten Zustand der Spannung zu gelangen, denn die völlig entspannten Muskeln gehorchen dem Einfluss der Nerven nicht sofort.

Nach dieser Entspannungsübung dürfen Sie nicht plötzlich in den normalen Zustand zurückkehren, sondern müssen sich Zeit nehmen und sich wie eine Katze ausgiebig und von Grund auf ausstrecken. Sollte es Ihnen zu schwierig sein, Ihren Körper auf einmal zu entspannen, ist es ratsam, die Glieder einzeln zu lockern. Versuchen Sie zuerst, die Muskulatur des einen Beines zu entspannen, bis es nur noch als eine träge, Ihnen selber fremde Masse an Ihnen hängt. Danach gehen Sie weiter zum anderen Bein und so von unten nach oben weiter, bis der ganze Körper völlig entspannt ist.

Diese Übung ist auch ausgezeichnet dazu geeignet, einen müden Körper sofort wieder mit der nötigen Kraft zu versehen. Eine Viertelstunde völliger Muskelentspannung kann die Müdigkeit von sechs Stunden Arbeit aufwiegen. Dass diese Übung auch aus diesem Grunde äußerst wichtig für Sie ist, wird Ihnen sofort einleuchten. Während andere einen Mittagsschlaf halten, sind Sie innerhalb einer Viertelstunde wieder völlig ausgeruht. Was dies in der heutigen Zeit – in der Zeit gleich Geld ist – bedeutet, liegt auf der Hand. Sie sollten nicht zur nächsten Übung weitergehen, bevor es Ihnen gelingt, Ihren Körper zumindest einigermaßen zu entspannen.

Rhythmisches Atmen:
Folgende Übung im rhythmischen Atmen sollte gründlich beherrscht werden, da sie den Übenden in eine innere Ruhe und Ausgeglichenheit versetzt, die zur Konzentration der Gedanken erforderlich ist. Die Hauptsache beim rhythmischen Atmen ist die geistige Vorstellung vom Rhythmus. Der Yogi begründet sein rhythmisches Zeitmaß auf eine vollkommene Übereinstimmung mit dem Schlage seines Herzens. Der Herzschlag ist durchaus nicht bei allen Menschen gleich, doch kann jeder bei seiner rhythmischen Atmung seine eigene Herzschlageinheit zur Richtschnur

machen. Stellen Sie Ihren normalen Herzschlag fest, indem Sie mit den Fingern Ihren Puls fühlen und dabei in gleichmäßiger Wiederholung etwa bis zwölf zählen, so dass auf jede Pulsbewegung eine Zahl kommt. Wenn Sie diesen Rhythmus erfasst haben, dann üben Sie ihn so lange, bis Sie glauben, ihn im Gedächtnis behalten zu können. Am Anfang wird es zweckmäßig sein, nur über sechs Pulsschläge ein- und sechs weitere auszuatmen, um dann später die Ein- und Ausatmung länger auszudehnen.

Setzen Sie sich, so wie in der vorhergegangenen Übung angegeben wurde, und entspannen Sie Ihre Muskeln. Atmen Sie langsam ein, und zählen Sie dabei sechs Pulsschläge an, und atmen Sie dann, während Sie wieder sechs Pulsschläge zählen, allmählich durch die Nase aus. Zählen Sie wieder drei Pulse vor dem neuen Atemholen, und wiederholen Sie alles mehrere Male. Am Anfang ist jede Ermüdung zu vermeiden. Strengen Sie sich nicht zu sehr an, die Anzahl der Pulsschläge zu vergrößern; worauf es ankommt, ist ausschließlich der richtige Rhythmus. Wenn Sie diesen erreicht haben, brauchen Sie nicht mehr zu zählen. Dies darf nur am Anfang als Hilfsmittel in An-

wendung gebracht werden, denn später, bei der Anwendung der geistigen Konzentration und der richtigen geistigen Vorstellung Ihres Wunsches, was ja das
eigentliche Ziel dieser Übungen ist, können Sie nicht
mehr anfangen zu zählen. Der richtige Rhythmus
muss Ihnen in Fleisch und Blut übergegangen sein.
Auch diese Übung hat noch einen Nebenzweck:

Wenn Sie fühlen, dass Ihre Lebensgeister abgesun-
ken sind und ein Zufluss neuer Lebenskraft, neuen
Lebensmutes dringend nötig ist, dann wenden Sie un-
verzüglich folgendes einfache Verfahren an: Stellen
oder setzen Sie sich aufrecht hin, halten Sie die Füße
dicht beisammen, entspannen Sie Ihren Körper, und
atmen Sie rhythmisch etwa fünf Minuten lang – und
Sie werden bald fühlen, wie Sie frische Lebensenergie
durchströmt.

Konzentration:

Konzentration bedeutet dem allgemeinen Sinn nach,
seine Gedanken, sein Bewusstsein oder seine Sinne,
d. h. seine Aufmerksamkeit, auf etwas zu richten und
dabei zu verharren. Konzentration ist das Sammeln
geistiger Kräfte in einen einzigen Punkt, für einen ein-

zigen Zweck! Konzentration dient aber auch zur Einsparung von Kraft und Zeit, zur Stärkung des Gedächtnisses und der Nerven.

Für Sie ist es vor allem wichtig, dass Sie, wenn Sie Ihre Gedanken auf etwas richten, diese auch auf diesem Punkt festhalten können, ohne dauernd abzuschweifen. Hierzu dient Ihnen folgende kurze Übung:

Setzen Sie sich vor einen Tisch, und stellen Sie auf diesen Tisch einen gut einprägsamen Gegenstand – sagen wir eine Vase mit einigen Blumen. Von diesen drei Dingen stellen Sie sich zuerst den Tisch vor, weil er der einfachste Gegenstand ist. Dann die Vase und danach die Blumen. Konzentrieren Sie sich also zuerst auf den Tisch: Sehen Sie ihn einige Minuten scharf an, schließen Sie dann die Augen, und stellen Sie sich nun im Geiste seine Form und seinen Standort so genau wie möglich vor. Öffnen Sie die Augen, und wiederholen Sie diese Übung ein zweites und drittes Mal. Wenn Sie den Tisch vor Ihrem geistigen Auge so deutlich sehen, wie er in Wirklichkeit ist, dann können Sie weitergehen und sich in der gleichen Weise auf die Vase und die Blumen konzentrieren – und dann diese Übung je dreimal ausführen. Wenn Sie dann etwas weiter fortgeschritten sind, können Sie ruhig ein Übriges dazu tun und sich z. B. den Tisch, falls er rund ist, im Geiste eckig, die Vase rot, falls sie blau ist, oder die Blumen erblüht, falls sie noch mit geschlossenen Knospen vor Ihnen stehen, vorstellen. Hier ist Ihrer Fantasie keine Grenze gesetzt.

Lassen Sie sich nicht entmutigen, wenn Ihnen diese Übungen nicht gleich gelingen und Ihre Gedanken immer wieder abschweifen. Durch Ausdauer und Beharrlichkeit werden auch Sie darin zum Meister werden. Je länger Sie sich auf einen Gegenstand konzentrieren können, ohne dass sich ein anderer Gedanke einschleicht, desto besser ist es. Ein ausgezeichnetes Hilfsmittel, um zur völligen Beherrschung der Konzentration zu gelangen, ist die so genannte Tesbih-Schnur, die Gebetsschnur der tibetischen Lamas. Die Schnur besteht aus 33 aneinander gereihten Sandelholzperlen. Sie erleichtert die Konzentration, da es den meisten Menschen doch nicht möglich ist, sich lange Zeit darin zu üben. Man nimmt die Kette in die rechte Hand, zwischen Daumen und Zeigefinger, und übergibt so eine Perle nach der anderen in die linke Hand, und zwar langsam und bedächtig. Sie mögen noch so nervös und ungeduldig sein, wenn

Sie die Kette einige Male von einer Hand zur anderen gleiten lassen, wird eine wunderbare Stille und Ruhe über Sie kommen.

Auch diese Übung dient noch einem anderen Zweck. Wie vorteilhaft es für Sie ist, wenn Sie sich selbst im größten Tumult völlig abschließen und auf einen Punkt konzentrieren können, dürfte Ihnen klar sein. Dies können nämlich nur die wenigsten Menschen; allein dadurch sind Sie schon einen Schritt voraus!

Dies waren in kurzen Worten die Voraussetzungen, die sie sich für die Erzeugung der gewünschten geistigen Bilder unbedingt aneignen müssen. Die beste Zeit für die Erzeugung plastischer Gedanken ist morgens und abends, kurz vor dem Einschlafen. Bevor Sie damit beginnen, versichern Sie sich, dass Sie nicht gestört werden können. Entspannen Sie sich, atmen Sie eine kurze Zeit rhythmisch, so wie es in den vorhergegangenen Kapiteln eingehend geschildert wurde, bis Sie einen Zustand der völligen inneren und äußeren Stille erreicht haben. Indem Sie sich Ihrer inneren Kraft bewusst werden, wenden Sie sich mit geschlossenen Augen dem Gegenstand Ihrer Betrachtung zu.

Nehmen wir einmal an, Sie wünschen sich ein eigenes Haus. Führen Sie sich dann dieses Haus, mit allen seinen Einzelheiten, so deutlich, so plastisch wie nur möglich vor Ihr inneres geistiges Auge. Sehen Sie sich in Gedanken durch dieses Haus gehen und darin wohnen. Sie müssen sich alles so vorstellen, als sei es schon Wirklichkeit. Oder ein anderes Beispiel: Sie wünschen sich einen anderen, größeren Wirkungskreis, eine Arbeit, die Ihren Neigungen mehr entspricht. Verfahren Sie hier genauso wie beim ersten Beispiel. Entspannen, rhythmisch atmen und dann wieder auf Ihren Wunsch konzentrieren. In diesem Fall müssen Sie sich die Arbeit verrichten sehen, die Sie gerne tun möchten. Das Bild muss so deutlich vor Ihr geistiges Auge treten, als ob Sie zwei Personen wären und die eine der anderen bei der Arbeit zusieht.

Selbstverständlich können Sie diese Methode auch für jeden anderen Wunsch anwenden. Die beiden Beispiele sollten Ihnen nur zeigen, worauf es in der Hauptsache ankommt. Alles hängt einzig und allein von Ihrer Vorstellungskraft ab.

Alles, was Sie sich in Gedanken ausmalen, werden Sie früher oder später auch erreichen, jedoch muss Ihr geistiges Bild oder die gedankliche Projektion klar und unverrückbar sein!

Je klarer und deutlicher Sie sich Gedankenbilder vor Ihr geistiges Auge führen und je länger Sie sie festhalten können, desto schneller wird das, was Sie sich wünschen, auch in äußere Erscheinung treten.

Die feinsten Gedanken, aus der bewegungslosen Stille geboren, sind die wirksamsten.

Konzentration, in Verbindung mit gefühlsbetonten Gedankenbildern, ist eine schöpferische Kraft, die das innerlich plastisch Vorgestellte zur Wirklichkeit werden lässt.

WIE SIE AUCH WEITERHIN NUTZEN AUS DIESEM BUCH ZIEHEN

Die Leser dieses Buches können in zwei Gruppen eingeteilt werden:

1. Jene, die einen dauernden Nutzen daraus ziehen.
2. Jene, die es lesen, daran ihre Freude haben und es dann vergessen.

Wenn Sie zur ersten Kategorie gehören wollen, gibt es nur einen Weg, der Sie dahin führt:

▲ Lesen Sie dieses Buch immer wieder, von der ersten bis zur letzten Seite.

▲ Beachten Sie die sechs Schritte, um wichtige Entscheidungen zu treffen. Leben Sie nach den Grundsätzen, die im Kapitel »Die Elemente des Glücks« aufgeführt sind.

▲ Lesen Sie die »acht Gebote für den Erfolg« immer und immer wieder mit Ihrem vollen Bewusstsein.

▲ Lassen Sie sich von dieser Aufgabe nicht abschrecken; sie ist leicht und macht Spaß.

▲ Wenn Sie diesen Rat befolgen, wird der Inhalt dieses Buches zu einem Teil Ihres Wesens werden.

▲ Leben und handeln Sie aber auch danach. Seien Sie nicht so selbstsüchtig, etwas Gutes für sich zu behalten! Sagen Sie Ihren Freunden, was Ihr Leben verändert und was es lebenswert gemacht hat.

▲ Zerbrechen Sie sich nicht den Kopf darüber, wie sich der Erfolg wohl einstellen wird. Vertrauen Sie ganz auf die den Gedanken innewohnenden Kräfte!

▲ Wenden Sie gläubig und voll Zuversicht die Methode des geistigen Bildes an, dann werden Sie Ergebnisse erzielen, die selbst Ihre kühnsten Erwartungen übersteigen, und alles, was Sie unternehmen, wird sich erfolgreich gestalten.

▲ Ihre Gedanken von heute stellen mit absoluter Genauigkeit Ihren Erfolg oder Ihre Niederlage von morgen dar.

▲ Nur durch positive, bejahende und zielstrebige Gedanken schaffen Sie um sich die beglückende Atmosphäre von Wohlstand und Ansehen!

NACHWORT

Hiermit bin ich am Ende meiner Ausführungen an-
gelangt. Ich hoffe, Ihnen im Wesentlichen den Weg
gezeigt zu haben, den Sie gehen müssen, um im Leben Erfolg zu haben.

Lesen Sie dieses Buch immer und immer wieder, bis
es zu einem Teil Ihres Wesens geworden ist. Leben
und handeln Sie aber auch danach. Zerbrechen Sie
sich nicht den Kopf darüber, wie sich der Erfolg wohl
einstellen wird. Vertrauen Sie ganz auf die den Gedanken innewohnenden Kräfte! Wenden Sie gläubig
und voll Zuversicht die Methode des geistigen Bildes
an, dann werden Sie Ergebnisse erzielen, die selbst
Ihre kühnsten Erwartungen übersteigen, und alles,
was Sie unternehmen, wird sich erfolgreich gestalten.

Ihre Gedanken von heute stellen mit absoluter Genauigkeit Ihren Erfolg oder Ihre Niederlage von morgen dar. Je nachdem wie Ihr Gedankenleben einge-

stellt ist. Nur durch positive, bejahende und zielstrebige Gedanken schaffen Sie um sich die beglückende
Atmosphäre von Wohlstand und Ansehen!